Vergiß nicht,
es gibt ja
das Licht

## HINÜBERSEHEN

Ein Märchen erzählt: „Ein Hirt saß bei seiner Herde am Ufer des großen Flusses, der am Rande der Welt fließt. Wenn er Zeit hatte und über den Fluss schaute, spielte er auf seiner Flöte. Eines Abends kam der Tod über den Fluss und sagte: Ich komme, um dich auf die andere Seite mitzunehmen. Hast du Angst? – Warum Angst? fragte der Hirt. Ich habe immer über den Fluss geschaut, seit ich hier bin. Ich weiß, wie es dort ist. Und als der Tod ihm die Hand auf die Schulter legte, stand er auf und fuhr mit ihm über den Fluss, als wäre nichts. Das andere Ufer war ihm nicht fremd, und die Töne seiner Flöte, die der Wind hinübergetragen hatte, waren noch da."

Was das Märchen in seiner zarten Poesie „hinübersehen" nennt, ist ein Stück einfacher Lebenskunst: immer wieder über die Grenzen hinauszudenken, die uns Menschen gesteckt sind. Wir sehen ja nie das Ganze. Wir wissen nie alles. Die Welt ist immer noch größer und hat mehr Geheimnisse, als wir meinen. Und manches beginnen wir erst zu ahnen, wenn wir uns an das Ufer setzen, an dem unser Wissen endet.

*Jörg Zink*

# Vergiß nicht, es gibt ja das Licht

## Für Zeiten des Abschieds und der Trauer

herausgegeben von
Martin Schmeisser

Eschbach

Bibliographische Information der Deutschen Bibliothek:
Die Deutsche Bibliothek verzeichnet diese Publikation in der Deutschen Nationalbibliographie; detaillierte bibliographische Daten sind im Internet über http://dnb.ddb.de abrufbar.

ISBN 3-88671-513-2

Im Alten Rathaus / Hauptstr. 37
D-79427 Eschbach/ Markgräflerland


www.verlag-am-eschbach.de

Umschlagbild und Gestaltung: Ulli Wunsch, Wehr.
Satz: Schwabenverlag mediagmbh, Ostfildern-Ruit.
Druck: Süddeutsche Verlagsgesellschaft Ulm.
Verarbeitung: Großbuchbinderei Josef Spinner, Ottersweier.

# Inhalt

## Abschied nehmen

## Trauer durchwandern



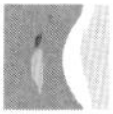

## über Grenzen hinausdenken

## Neu ins Leben treten

# Abschied nehmen

**W**ir müssen täglich sterben, damit wir nicht sterben, wenn wir sterben.

*Inschrift im Schleswiger Dom*

**H**eute fragte Ursel, unsere Sechsjährige, mitten aus dem Spiel heraus, ob ich gerne sterbe.

„Alle Leute müssen sterben", sagte ich hinter meiner Zeitung: „Aber gerne stirbt niemand."

Sie besinnt sich.

„Ich sterbe gern!"

„Jetzt?", sage ich. „Wirklich?"

„Jetzt nicht, nein, jetzt nicht –."

Ich lasse die Zeitung etwas sinken, um sie zu sehen, sie sitzt am Tisch, mischt Wasserfarben.

„Aber später", sagt sie und malt mit stiller Lust: „Später sterbe ich gerne."

*Max Frisch*

## ABSCHIED EINÜBEN

Sehen Sie da draußen, den dürren Baum“, fragte mich ein schwerkranker Mann. „So geht es mir, wenn Sie wissen wollen, wie ich mich fühle. Er hat schon geschafft, was ich noch vor mir habe.“

Ich fragte vorsichtig zurück: „Meinen Sie, er ist gestorben?“ Er schaute mich lange an; es war schwer, diesen fragenden, angstgroßen Augen nicht auszuweichen. Dann lächelte er traurig und sagte: „Ich wußte bis heute nicht, dass mir Bäume etwas vom Sterben erzählen können. Erst wenn man krank ist, bemerkt man die kranke Natur, erst dann sieht man sie auch sterben.“

Wir sprachen an diesem Tag noch lange über die Kraft, die Schönheit der Bäume und ihr leises Sterben.

Inzwischen ist dieser Mann gestorben. Er starb so leise wie „sein“ Baum. Das Gespräch aber ist noch sehr lebendig in mir, weil es mich mit meiner eigenen Endlichkeit und meiner Angst vor dem Sterben in Kontakt gebracht hat. Seit diesem Erleben sehe ich bewusster, wie die Natur ihren Abschied gestaltet. Seitdem mühe ich mich zu lernen, was es heißt: Sterblich sein auf dieser Erde.

*Ingrid Reckziegel*

**B**itter, o Herr, ist das Brot des Alters und hart. Wie erschien ich mir früher reich – wie arm bin ich nun, arm und einsam und hilflos! Wozu tauge ich noch auf der Erden? Schmerzen plagen mich Tag und Nacht, träge rinnen die Stunden meiner schlaflosen Nächte dahin, und ich bin nur ein Schatten dessen, der ich einmal war. Ich falle den anderen zur Last.

Herr, lass es genug sein! Wann wird die Nacht enden und der lichte Tag aufgehen? Hilf mir, geduldig zu sein! Zeig mir dein Antlitz, je mehr mir alles andere entschwindet! Lass mich den Atem der Ewigkeit verspüren, nun da mir aufhört die Zeit!

Auf dich, o Herr, habe ich gehofft, lass mich nicht zuschanden gehen in Ewigkeit. Amen.

*Michelangelo*

## So nah am Tode

So nah am Tode ist das Leben süß.
Wie roch das Heu! Wie tat das Wehn des Windes,
Der Mund der Frau, die Augen eines Kindes!
Und Stern und Wolke waren Paradies.

Der Schlehbaum brannte und du wußtest: Herbst.
Der Tonkrug schwang. Der Brotlaib lud zu Tisch.
Zertretne Traube und geschlitzter Fisch,
Vergoßener Wein: O Überfluß, du färbst

Die Seele dunkler mir und machtest satt.
Ich schau dich, Birnbaum! Ahn dich, Weidenblatt,
Und spür die Luft, wie sie dich leis bewegt

Und weiß: ich bin mit Baum und Tier vertauscht,
Bin Vogelwolke, die im Abend rauscht
Und meine Spuren in die Sterne trägt.

*Karl Krolow*

## ZUM ABSCHIED EINE ROSE

Ich möchte dir zum Abschied eine Blume schenken
eine dieser winzigen gelben Blüten im Sand
über die wir uns beugten
ich stehe vor dir
und weiß nicht wie Adieu zu sagen

Ich möchte dir die grauen Berge schenken
den Sonnenstrahl der mit uns lachte
den Wind der sich in meinen Haaren fing
ich stehe hilflos vor der Traurigkeit
und weiß nicht wie Adieu zu sagen

Wenn wir uns einmal wiedersehen
ist Berg und Wind und Blume
nur noch Erinnerung
für dich vielleicht so lange schon vergessen

Den Sonnenstrahl jedoch hab ich behalten
und schenk ihn dir
wenn ich dich wiederseh

*Daniela-Maria Brandt*

Meine letzte große Aufgabe, das Sterben, wird herankommen – eines Tages. Ich habe die Umstände und die Zeit nicht in der Hand. Aber wenn ich im Krankenhaus oder Pflegeheim sterben sollte, dann wünsche ich mir sehr, dass meine Angehörigen rechtzeitig benachrichtigt werden. Ich will die Wärme ihrer Hand noch empfinden und die Nähe der Gegenwart, auch wenn jeder „allein“ sterben muss.

Andere Besucher mit gutgemeinter Unterhaltung und dem unvermeidlichen Gerede: „Du schaust heute gut aus; es wird dir bald besser gehen“, möge man mir vom Leibe halten, wenn es ernst wird. Ich möchte konzentriert sein dürfen auf das Wesentliche, gesammelt und ausgesöhnt sterben mit Gott und den Menschen.

Darum wäre es mir wichtig, wenn ich zum Zeichen der allerbarmenden Liebe Gottes das Sakrament der Krankensalbung rechtzeitig empfangen würde; denn Er kommt, um mich abzuholen…

Vor Jahren schon habe ich ein Patiententestament gemacht und meinen Arzt gebeten, es zu meinen Krankenunterlagen zu nehmen. Es enthält im Wesentlichen die Erklärung, dass ich im Falle einer nicht mehr rückgängig zu machenden Bewusstlosigkeit oder schweren Dauerschädigung des Gehirns keine Reanimation um jeden Preis haben möchte. Vielmehr möchte ich die Hilfen moderner Medizin auf Schmerzlinderung beschränkt wissen, wozu sie ja auch imstande ist.

Was in mir beim Sterben selbst vorgeht, weiß ja niemand. Was immer geschehen wird, ich hoffe, mich hineinwerfen zu können in Gottes geöffnete Arme.

*Martha Krause-Lang*

Noch einmal sprechen
von der Wärme des Lebens
damit doch einige wissen:
Es ist nicht warm
aber es könnte warm sein

Bevor ich sterbe
noch einmal sprechen
von Liebe
damit noch einige sagen:
Das gab es
das muß es geben

Noch einmal sprechen
vom Glück der Hoffnung

auf Glück
damit noch einige fragen:
Was war das
wann kommt es wieder?

*Erich Fried*

**B**leib noch ein wenig.
Dein Schweigen tut so wohl.

Ein wenig noch.
Die Nacht wird lang.
Leg deine warme Hand
in meine kalte.

Wenn deine Blumen lang verwelkt,
wird diese lebendig sein in mir.

*Jürgen Schwarz*

Sterbegebet für meine Mutter

**H**err, bleibe bei mir,
denn ich spüre, meine Zeit geht zu Ende,
Krankheit durchdringt
meinen ganzen Leib,

verkrümmt und verunstaltet mich.
Meine Welt ist zusammengeschrumpft
auf ein paar Schritte
zwischen Bett und Tisch und Tür.

Herr, bleibe bei mir,
laß mich deine Nähe spüren.
Ich quäle mich durch den Tag
mit endlosem Warten.

Ich schließe die Augen,
Bilder kreisen in mir,
und die Gedanken klopfen.
Versunkene Vergangenheit
kehrt zurück in die Träume,
ihr Spiegel ist schon zersprungen.

Herr, bleibe bei mir,
umfange mich, wenn es zu Ende geht.
Ich sehe riesige Schatten
in mein Zimmer stürzen,
die Last vergeudeter Tage.

Noch höre ich Stimmen in meiner Einsamkeit,
Menschen, die ich liebe.
Die ich herbeisehne, meine Kinder,
phantasiere ich auf den Stuhl an meinem Bett –
eine Hand soll mich halten.

Herr, bleibe bei mir, laß mich nicht los,
wenn die Stunde da ist, fortzugehen.
Ich weiß, du wirst meinen nichtigen Leib
verwandeln und verklären.

*Manfred Fischer*

**D**er Tod ist für mich nur vordergründig jene gewalttätige Macht, unter der wir leiden; mir kehrt sich das Verhältnis von Leben und Tod immer wieder um. Nicht das Leben währt, bis der Tod es beendet, sondern der Tod hat Gewalt über uns, bis wir ins Leben befreit werden… Die Auferstehung der Toten gehört für mich, nach allen Erfahrungen, die ich in extremen Situationen gemacht habe, zu den gewissesten Dingen des Daseins. Und ich weiß, dass sie auch zu den Überzeugungen gehört hat, aus denen Petra ihren Mut holte.

*Jörg Zink, Ansprache bei der Trauerfeier für Petra Kelly am 26. Oktober 1992 in Würzburg*

# CHORAL

Nun wird es Zeit zu danken
eh Herz und Auge bricht
für alle Gottesgaben
für Leben, Luft und Licht –

Zu danken für die Eltern
die mir in dieser Welt
die blinden Kinderfüße
auf graden Weg gestellt –

Zu danken für die Freundschaft
die mir zur Seite ging
und oft mit starken Armen
den Taumelnden umfing –

Zu danken für die Liebe
die ich so oft verriet:
sie aber sang die Treue
das ewge Lebenslied –

Zu danken für den Sohn,
den die Liebe uns gebar:
er machte meinem Leben
kein einzig graues Haar –

Zu danken für die Enkel:
wie blüht das Leben fort:

Wie mir sei Gott euch gnädig
an jedem Lebensort –

Zu danken für die Freuden
wie war die Welt so schön
um staunend voll Entzücken
von Glück zu Glück zu gehn –

Zu danken für die Leiden:
sie sühnten dunkle Schuld
und prüften Herz und Nieren
im Abgrund der Geduld –

Zu danken für die Tränen
des Lachens wie der Not:
die Not ach bittre Speise
das Lachen gut wie Brot –

Zu danken für die Gaben
der Kunst, der ich gehört
die mich seit Knabenjahren
besessen und betört –

Dank für die Welt von Träumen
Dank für die Wirklichkeit
Dank, daß ich nie dem Nichts
in dieser schwarzen Zeit –

Zu danken für die Vielen
die meinen Sinn erfühlt
und meine Sprache liebten:
für sie hab ich gespielt –

Nun wird es Zeit zu danken…
das Wort vermag es nicht!
Doch Du nimm den Verstummten
Herr, wortlos heim ins Licht.

*Ernst Ginsberg*

**A**m 3.Dezember 1964 ist der Schauspieler Ernst Ginsberg im Alter von 60 Jahren in der Zürcher Klinik Neumünster gestorben. Seine Krankheit war schwer, über deren Fortschreiten und Ausgang war er sich im klaren. Er wurde gelähmt, verlor letztlich die Sprache, sein Geist blieb unangetastet. Als er noch diktieren konnte, verfaßte er Prosa und Gedichte, die letzten Verse entstanden, als er sich nur mittels Tabellen zu verständigen vermochte. *Choral* ist sein letztes Gedicht.

*Friedrich Dürrenmatt*

## EIN LIED ZUR WALLFAHRT

**W**ie liebenswert ist deine Wohnung,
Herr der Heerscharen!
Meine Seele verzehrt sich in Sehnsucht
nach dem Tempel des Herrn.
Mein Herz und mein Leib jauchzen ihm zu,
ihm, dem lebendigen Gott.
Auch der Sperling findet ein Haus
und die Schwalbe ein Nest für ihre Jungen –
deine Altäre, Herr der Heerscharen,
mein Gott und mein König.
Wohl denen, die wohnen in deinem Haus,
die dich allezeit loben.

Wohl den Menschen, die Kraft finden in dir,
wenn sie sich zur Wallfahrt rüsten.
Ziehen sie durch das Tal der Dürre,
wird es für sie zum Quellgrund,
und Frühregen hüllt es in Segen,
Sie gehen von Kraft zu Kraft,
bis sie schauen Gott auf dem Zion.

Herr der Heerscharen, höre mein Beten,
vernimm es, Gott Jakobs!
Gott, sieh her auf unsern Schild,
schau auf das Antlitz deines Gesalbten!

Denn ein einziger Tag in den Vorhöfen deines
Heiligtums ist besser als tausend andere.
Lieber an der Schwelle stehen im Haus meines
Gottes als wohnen in den Zelten der Frevler.
Denn Gott der Herr ist Sonne und Schild.
Er schenkt Gnade und Herrlichkeit;
der Herr versagt denen, die rechtschaffen sind,
keine Gabe.
Herr der Heerscharen, wohl dem, der dir vertraut!

*Die Bibel: Psalm 84*

**S**ie gehen von Kraft zu Kraft, bis sie schauen Gott auf dem Zion" (Psalm 84,8). Wo immer der Weg nach Zion führt, da kommt ein Blühen in die Welt. Und darum kann der Weg gar nicht lang genug sein, und von Kraft zu Kraft darf nun bedeuten: von dieser Welt in die zukünftige Welt. Wenn alles Leben eine große Wallfahrt ist, dann darf sich die kommende Welt nahtlos mit dieser Welt zusammenfügen. Und dies ist das letzte Bild vom Sterben: ein Einreihen in einen unendlichen Wallfahrtszug, einen Zug durch aufblühendes Land, Zion vor Augen und das Zionslied auf den Lippen.

*Yehoshua Amir*

# Trauer durchwandern

# LIEBE ÜBER DEN TOD HINAUS

von Charlotte Knöpfli-Widmer

## Komm mit mir, wenn du traurig bist

Ein großer Schmerz, der mein Leben durchschnitt, war der Tod unserer lieben Tochter in der frischen Blüte ihres Lebens. Viele Jahre vergingen, bis ich Worte wagte für die verworrenen Gefühle in mir. Jetzt hat mich das Leid, inzwischen ein Teil von mir geworden, zu einem aufmerksameren und vollkommeneren Dasein gelenkt.

Ich ermutige dich, meinen Gedanken zu folgen; sie sind erst die Oberfläche einer Tiefe, die keine Worte mehr aufnimmt und die nur stumm durchlitten werden kann.

Die Texte werden zwar zunehmend heller, aber das Ende deiner Trauer bedeuten sie nicht. Du wirst noch öfter zurückgehen und innehalten müssen.

Wenn du nur allmählich spürst, dass Liebe stärker ist als der Tod!

Verwundet

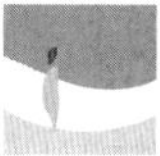

**W**ir haben einander geliebt.
Wir haben einander getragen.
Der Tod hat dich mir weggenommen.
Ich bin verwundet.

Allein

**I**ch war allein,
obwohl einige Menschen
in meiner Nähe waren.
Meine Gefühle krallten sich zusammen.
Ich wollte weinen,
aber dein Tod machte mich stumm.
Ich wollte ihn begreifen,
aber ich nahm ihn nicht an.

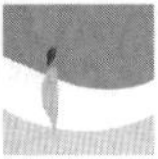

## Nacht

Die Sonne war schwarz geworden.
Der Morgen sank träge in den Abend.
Fremdheit kam über mich.
Fremdheit vor dem Weiterleben,
vor unbekanntem Schmerz.

In diesen ersten Tagen
fiel alles in mir zusammen.
Dein Tod höhlte mich aus
und den Tag und den Schlaf
und das Gebet.

## Zugemauert

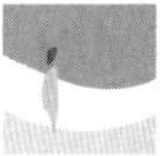

Ich nahm mich nur noch wahr
in der Hingabe an meinen Schmerz.
Als ob es keine Menschen mehr gäbe,
keinen Nächsten, der mich braucht.

## Stolz?

Ich war es nicht gewohnt,
bemitleidet zu werden.
Nur keine Tröster jetzt, dachte ich,
sie griffen in ein gespaltenes Herz.

Trauerkarten brachten mich
in Verlegenheit.
Sie waren formell oder unbeholfen.
Einige sogen meine Tränen auf.
Keine schien richtig.
Und doch brauchte ich sie.

Ich war aus den Angeln.

# Einsamkeit

Viele Menschen zogen sich aus Scheu
vor falschen Worten zurück.
Andern war ich ein Warnsignal.
Die Straßen schienen leer,
wenn ich kam.

Vor den Trosteifrigen zog ich mich zurück.
Am schlimmsten waren die versteckt
Überlegenen, die Besserwisser.

Nur die einfachen, die ganz einfachen
Menschen mit dem Vertrauen eines unver-
sehrten Kindes hätten mir wohlgetan.

Eigentlich war ich einsam.
Ich gab niemandem Gelegenheit,
mit mir meine Trauer zu teilen.

## Wunde

**M**ein Schmerz war größer
als alle meine Tränen in mir.
Ich war nur Wunde –
noch eine kleine Berührung
und ich wäre verblutet.

Ich schrie zu Gott.
Keine Antwort, nirgends.
– War ich zu laut? –

## Die zerrissene Nacht

**A**uf einmal zerriss die Nacht.
Sie ließ mich allein
mit meiner Sehnsucht,
meiner Verzweiflung,
meiner Schuld,
meiner Auflehnung,
meiner Ohnmacht
und meiner Verletzung.

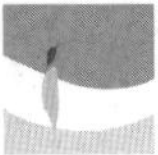

## Gebet

Mein Gott, wo soll ich mich halten?
Du bist aus mir heraus.
Warum verbirgst du dich,
wenn ich dich brauche?
Lass mich wenigstens zweifeln.

## Ohnmacht

Oft ging ich zum Grab.
Ich wollte die Erde wegscharren,
dich herausholen, lebendig machen.
Nichts geschah, nichts.
Ich wollte meinen Kopf
an einem Stein wundschlagen,
die Ohnmacht nicht aushalten.

Und dann das Zurückschrecken.
Niemand hatte mir gesagt,
dass Zorn nötig ist
und dass es nur auf seine Zähmung
ankommt.

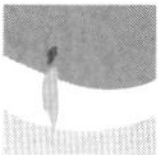

## Erinnerungen

Und dann,
hie und da ein Licht,
eine Blüte, die aufbrach.
Zaghafte Gedanken an unsere
gemeinsame Zeit.

Hier eine Stimme, dort ein Blick,
ein Haarschopf, ein Gesicht,
das dem deinen glich.
In vielen Gesichtern sah ich dich,
und doch warst du es nicht.

Erinnerungen warfen mich zurück.
Der Schmerz schoss wieder hervor,
wuchtiger noch und tiefer.
Er stach und geißelte.

Mein Herz,
mit glühenden Eisen zusammengepresst.
Immer wieder.
Ein Mensch hält viel aus, dachte ich.

Auschwitz? – Theresienstadt?

## Weh tut es trotzdem

Mein Gott,
ich begreife dich nicht.
Wo ist dein Mitleid?
Keine gute Erdenmutter würde
ihrem Kind so wehtun.
Wo sind deine Gefühle?

Oder müsste ich anders fragen:
Was bedeutet dir das Leid?
Ist nicht alles bloß Verwandlung
zu dir?

Aber weh tut es trotzdem –
weh tat auch die Kreuzigung.

## Meine Tränen sind warm

**M**ein Haus war kalt geworden,
einsam und leer.
Die einfachsten täglichen Arbeiten
lagen wie Felsbrocken vor mir.
Ich ertrug die Stille nicht
und auch nicht den Lärm.
Ich dachte an die kalte Erde im Grab
und dass ich dich nicht wärmen konnte,
– außer mit meinen Tränen.

## Neid

**W**enn einer sagt, er sei noch nie
neidisch gewesen, so sage ich ihm,
er merke es nicht.

In meinem Verluste verglich ich mich
mit den Schicksalsverschonten,
mit den lachenden weißen Zähnen,
mit den Ungebrochenen.
Ich ertappte mich, wie ich im Vergleichen
verbitterte, hasste, kränkelte.
Als ob sich Schicksale vergleichen ließen!

Wohin mich flüchten vor dem geschliffenen
Schwert meines Schattens?

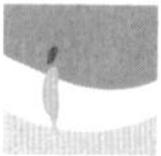

## Deine Nähe

**I**ch flüchtete in die Trauer.
Da war es mir wohler.
Da war deine Nähe.
Da hatte der Neid keinen Zutritt
und keine Ereignisse der Welt.
Du und ich
im alleinig fließenden Gefühl.

Nur die geheime Angst in mir,
die Zeit könnte meine Trauer durchlöchern
und dich aus meinem Herzen davontragen.

## Leere

**E**ines Tages konnte ich meinen Tränen
nichts mehr anbieten.
Das Grab war ins Trauerlose ausgewalzt.
Meine Sinne abgenutzt.
Ich ein Vogel ohne Federn,
in die Wüste verirrt
und von der Angst umgarnt.
Nur noch die verkümmerte Sehnsucht
in mir nach ein wenig Schmerz.

## Gefährliche Gedanken

**W**as war mein Leben noch ohne dich?
Ich wollte dir in den Tod folgen.
Aber wie?
Mich krank machen? Das kann man!
Aber das Leiden der Krankheit
wollte ich nicht auf mich nehmen.
Oder den Tod durch eigene Hand?
Gefährliches Gedankenspiel.
Was bewahrte mich davor?
Die Verantwortung anderen gegenüber?
Die Angst, meine Seele zu verletzen?
Die Angst vor dem Jenseits,
das noch ungewisser ist
als meine verdeckte irdische Zukunft?
Ich weiß es nicht!
Ich wurde begnadigt.
Ganz einfach begnadigt
durch eine Kraft in mir,
die im Verborgenen drängte
und mich ins Leben zurückstieß.

## Die ewige Schuld

**D**ie Schuld ist zuverlässiger
als die Trauer.
Eine ewig unbeglichene Rechnung.
Sie demütigt und quält.
Sie schiebt sich wie ein eisernes Tor
vor jeden Lichtblick.
Sie lässt das Gute nicht gelten
und verhindert das Böse.
Sie ist der Wachhund,
vielleicht wie der Tod,
der ständig lauert,
damit Leben möglich wird.

## Das Leiden an der Liebe

Nicht wahrgenommen,
nicht jene Teile wahrgenommen,
die geteilt werden wollten.

Ich musste immer eine Reserve behalten,
die Reserve, die mein Existieren ermöglichte.
Auch wenn ich ausgebrannt wäre für dich,
ich wäre in Schuld geraten…
weil ich nicht du bin.

Es gibt nicht die vollkommene Liebe,
auch nicht um den Preis des Lebens.
Einer läge im Zwang des andern.

Nun hat dein Tod mir die Zeit genommen.
Verzeihung wäre eine Möglichkeit gewesen,
aber sie hätte den Schmerz nicht gelindert,
den Schmerz dieser Schuld,
der ein Kind der Liebe ist.

## Nichts mehr nachholen

**W**as ich zu deinen Lebzeiten
als kleine Unzulänglichkeiten empfand,
blähte sich im Angesicht des Unauf-
holbaren zu einem Ungeheuer auf.
Keine Möglichkeit mehr,
dir etwas zulieb zutun,
dich nicht mehr zu ärgern,
aus meiner Versteifung herauszutreten,
auf dich zuzugehen.
Nur noch einen einzigen Wunsch
wollte ich dir erfüllen, nur noch einen,
und alles wäre aufgehoben gewesen.
Alle meine vergangenen und zukünftigen
Verfehlungen hingen wie Pech an meinen
Händen.

Unmöglich die Frage,
was in deinen toten Händen
an Ungetanem erstarrt war…

## Vergebung

Wenn wir in Sternstunden
ineinanderfielen,
lösten wir unsere Vergangenheit auf
und unsere Schuld,
und dann wüssten wir
einen Augenblick lang,
was Gott mit Vergebung gemeint hat.

## Die mahnende Stimme

Nach langen Ausblendungen fiel ein Funke in mein Herz. Ohne meine Anstrengung, ohne darum gebeten zu haben. Langsam erwachten meine Sinne. Im Spiegel ein Lächeln. Ich sah die Sonne wieder und den blühenden Apfelbaum. Da hörte ich eine Stimme in mir: „Du hast traurig zu sein“, befahl sie. – Das konnte nicht deine liebe Stimme von drüben gewesen sein – Wer mahnte mich denn und erdrückte in mir jeden Anfang von Freude?

Lange Zeit irritierte mich diese mahnende Stimme. Sie drang in meine Eingeweide, durchzuckte mein Blut, verwandelte mein Inneres in ein verseuchtes Lazarett.

## Die zwei Kammern

**E**ines Tages begegnete ich einer alten Frau. Ihr Gesicht hatte Furchen, kreuz und quer. Über ihren Augen zogen sich traurige Linien zusammen, aber in ihren alten Wangen waren die Grübchen ihres Lachens geblieben. Sie schaute mich an und sagte: „In deinem Gesicht ist lauter Trauer, deine Augen sind ohne Glanz, und dein Mund ist hart geworden."

„Ich bin in Trauer", sagte ich entschuldigend.

Da sagte die alte Frau: „Richte in deinem Herzen zwei Kammern ein, eine für die Freude und eine für die Trauer. Kommt Trauer über dich, dann öffne die Kammer der Trauer. Kommt aber Freude über dich, dann öffne die Kammer der Freude." Und mit einem Lächeln fügte sie bei: „Den Toten ist es wohler in den Kammern der Freude."

## Die verwaiste Liebe

**W**ohin mit meiner verwaisten Liebe?
Jeden Tag fiel sie ungeboren
auf mich zurück.
Geizig stapelte ich sie auf,
weil ich mir wie eine Verräterin
vorgekommen wäre,
hätte ich sie nicht für dich behalten.
Langsam wurde sie modrig in meinem
Herzen, unbrauchbar auch für dich.

## Das Herz, teilbar und wieder teilbar

**I**n diesen modrigen Nächten hatte ich einen ungewöhnlichen Traum: Eine schwangere Frau, sie mochte in den letzten Wochen gewesen sein, saß neben mir auf einer Bank. Sie hatte noch drei Kinder bei sich, die mit Steinchen am Boden spielten. Die Frau packte ein süßes Brötchen aus und brach jedem Kind ein Stück davon ab. Als die Kleinen das Stücklein gegessen hatten, brach sie ihnen wieder ab von dem süßen Brötlein. Mit jedem abgebrochenen Stück wurde das Brötlein größer und größer, bis die Mutter aufhörte, davon zu verteilen.

Danach nahm sie die Kinder auf ihren Arm und liebkoste sie.

Ich schlich mich weg hinter ein Gebüsch. Dort lag ein Kind mit geöffnetem Mund. Ich sah, dass es Hunger hatte, aber ich konnte ihm nichts zu essen geben. Als ich es aufheben wollte, war es verschwunden.

## Andere Zeichen der Liebe

Ich musste lernen,
dass die Zeichen der Liebe
andere geworden waren.
Keine Umarmung mehr,
keinen Liebesblick, keinen Kuss.
Deine Stimme verstummt,
deine Wärme ausgelöscht.

Der irdischen Hülle entledigt,
ist unsere Liebe reiner geworden,
frei von Nutzen und Misstönen.

Einer klingenden Harfe gleich
füllt sie meine Räume aus:
die Sehnsucht nach dem Göttlichen in dir,
nach dem, was uns geblieben ist.

## Dein Grab ist mir unwichtig geworden

**A**ls ich kürzlich den alten Bachweg
entlang ging, kamst du mit mir.
Als im Konzert ein Stuhl neben mir frei war,
saßest du neben mir.
Wie ein hauchdünner Schleier
durchwebst du mich,
kommst mit mir überall hin.
Nur im Lärm entfernst du dich,
oder wenn ich in Eile bin.
Am nächsten bist du,
wenn ich allein bin.
Nur: umarmen kann ich dich nicht mehr.
Glaub mir, das schmerzt!

## Mein Dank an dich

**I**ch danke dir für die Zeit,
die du mir geschenkt hast,
die Gelegenheiten zu lieben
und was ich durch dich geworden bin.
Und für die unausgesprochenen Worte,
die immer noch zwischen uns liegen.

## Dein Bild

**A**uch wenn du ins Nichts versunken wärest
– manchmal überfallen mich
solche Gedanken –
trüge ich dich in mir, einmalig und hell,
dein Antlitz in meinen Augen eingraviert.
Mein ewiges Bild von dir.
Unzerstörbar.

## Das ewig Unvollständige

Damit ich dich nie vergesse,
repetiere ich dein Gesicht,
deine Hände, deine Stimme,
deine Einmaligkeit.
Ich suche unsere Freuden und
Sorgen zusammen und setze sie
wie Mosaiksteine zu einem
lebendigen Bild.
Unvollständig, wie es immer war.

## Grenzen

Mit deinen Augen
in die meinen schauen,
mit deinen Ohren
meine Worte hören, mit deiner Haut
meine Zärtlichkeiten spüren…
Wenn ich das vermocht hätte!

## Die zusammengefaltete Zeit

Dein Tod liegt nun schon Jahre zurück.
Immer noch der Stich, wenn ich daran denke.
Aber ich erstarre nicht mehr
in meinem Schrei nach dir.
Ich bin aufgebrochen zu dir,
ohne Eile und mit Zwischenhalten.

## Perlen in meiner Hand

Ich wandere weiter,
gebückter,
mit deinem Tod auf dem Rücken.
Am Wegrand die Erfrischungen
dieser Welt.

Den Menschen zugewandt,
tausche ich fast alles ein
gegen Augenblicke der Liebe.
Perlen in meiner Hand
gebe ich dem Meer nicht mehr zurück.

## Narbe

**M**eine Wunde ist
älter geworden.
Herr, nimm mir die Angst
vor der Narbe.

## Rückkehr zu mir

**B**einahe hätte ich mich
verloren in dir,
vergessen zärtlich zu sein
– mit mir.
Kind zu werden
und nicht zu fragen
nach Frucht und Ernte.

## Ahnungen

**Z**um ersten Mal
in das Blühen einer Rose schauen
mit der Reinheit des Augenblicks
ohne Erinnerung
wie ein Kind – zum ersten Mal.

## Nur eine Reise

**I**ch traf einmal im Zug einen alten Mann. Er hatte kein Gepäck bei sich und keinen Mantel, obwohl es Winter war und bitterkalt. Das wunderte mich. Ich fragte den Mann: „Wohin reisen Sie?"

„Ich bin auf der Reise zu meiner Frau", sagte er.

„Wo wohnt ihre Frau?"

„Sie ist im Himmel", sagte der Mann.

„Dann müssen Sie noch lange reisen", sagte ich lächelnd.

„Ich habe Zeit", sagte er, „und außerdem, es gibt Züge, die sehr schnell fahren."

Beim nächsten Halt stieg ich erschrocken aus. Ich hatte noch einiges zu erledigen.

## Die Warnung

Ein junger Mann wurde von einem schweren Schicksal getroffen, und er kam in großes seelisches Elend.

Mit der Zeit begann er sich zu bemitleiden, ja, er quälte sich selbst, um sich bemitleiden zu können. Obwohl er wußte, dass sein herbeigeführtes Martyrium gefährlich war, gefiel er sich darin je länger je mehr. Da besuchte ihn eines Tages der Schmerz, der ganz gewöhnliche, gemeine körperliche Schmerz. Er kam unangemeldet; unhöflich und ohne anzuklopfen setzte er sich in seinen Kopf, in die Gelenke, in den Bauch, in die Füße und wo es ihm gerade passte. „Halt“, sagte der junge Mann, „was willst du, ich habe dich nicht gerufen.“

„Nicht gerufen“, lachte der Schmerz, „solange du mit deiner Seele nicht vernünftig umgehst, so lange hüpfe und kratze ich in dir herum.“

Als der Mann zur Besinnung kam, verabschiedete sich der Schmerz und sagte: „Du bist noch einmal davongekommen.“

## Die Toten leben mit den Liebenden

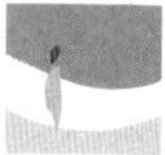

Eine Mutter kehrte vom Grab ihres Kindes zurück. In ihrem Haus war es still geworden. Sie legte die Spielsachen und die herumliegenden Kleidungsstücke in einen Kasten. Sie bereitete das Abendessen, obwohl sie keinen Hunger hatte. Zwei Teller. Einen für sich und einen für ihr Kind. Es wird niemals mehr daraus essen. Den Namen wagte sie nicht auszusprechen. Jetzt nicht. Sie würgte ein Stück Brot hinunter. Am anderen Tag stellte sie wieder zwei Teller auf den Tisch. Diesmal goss sie sogar ein wenig Suppe hinein. Dann trug sie die kalte Suppe wieder ab. Immer diese Hoffnung beim Auftischen und die Enttäuschung beim Abräumen! Aber sie brauchte diesen Teller. Er vertuschte die Wahrheit. Er fing ihre Tränen auf. Er schürte ihr Selbstmitleid. Er verschluckte ihren Zorn. Den Zorn einer vergeblich Wartenden.

Viele Jahre vergingen. Immer noch tischte die Frau zwei Teller auf. Während sie einen dampfenden Brei auftrug, klopfte ein Wanderer an die Türe. Sie bat ihn, am Tisch Platz zu nehmen und von ihrem Brei zu essen. Der Wanderer sagte: „Deine Speise ist nicht meine Speise."

„Wer bist du?", fragte die Frau.

„Ich bin der, den du an deiner Brust genährt hast.“

Die Frau erschrak: „Mein Kind, woher kommst du?“

„Von dort, wo ich jetzt hingehöre. Ich komme, um dir zu sagen, dass ich einen anderen Hunger habe – Hunger nach Liebe.“

Die Frau zitterte: „Habe ich dich nicht genug geliebt? Habe ich nicht bittere Tränen geweint, als du mir entrissen wurdest? Mein Leben hätte ich für dich gegeben. Mein Leben.“

„Du hattest mich wohl geliebt, du warst eine sorgsame Mutter“, sagte der Wanderer, „aber als ich gestorben war, hattest du es unterlassen, mich zu lieben wie man einen Toten liebt.“

„Wie man einen Toten liebt“, wiederholte die Frau. „Ja, wie man einen Toten liebt“, sagte der Wanderer und fuhr fort: „Statt mir Freude zu schenken, nährtest du nur deinen eigenen Schmerz.“

Da umarmte die Frau den Wanderer, sie drückte ihn an sich, ein leerer Mantel bloß, schien ihr. Diesmal leuchteten ihre Tränen. Dann hörte sie von weitem die Stimme ihres Kindes: Mutter, meine Mutter!

Später erschien ein kleiner Stern am Himmel, leuchtend und schön.

über Grenzen hinausdenken

# BEGEGNUNG MIT EINEM JÜDISCHEN FRIEDHOF

von Renate Schubert
mit Fotografien von Klaus G. Kohn

Begegnungen liegen oft als unerwartetes Geschenk auf unserem Lebensweg, gleich ob es sich um die Begegnung mit einem Menschen oder einem Kunstwerk handelt oder ob ein besonderer Ort uns anspricht und zu einer neuen, vielleicht wichtigen Erfahrung wird.

Dass uns das Unerwartete viel tiefer treffen kann als etwas Geplantes, liegt wohl daran, dass wir unvoreingenommen sind. Planungen und Vorbereitungen liefern meist den Boden für Erwartungen, auch für positive oder negative Vorurteile, die gerade die falsche Tür in uns öffnen. An der richtigen gehen wir vorbei. Sie bleibt verschlossen und hätte sich doch so gern geöffnet.

Dass sich falsche Türen in uns öffnen, geschieht besonders leicht, wenn wir Stätten jüdischer Kultur betreten. Die mehr oder weniger eingefahrenen Denkbahnen, in denen ein belastetes Gewissen immer noch die Richtung angibt, lassen eine echte Begegnung kaum zu. Wir möchten wiedergutmachen, uns versöhnen, wissen nicht recht wie und bemühen uns meist um eine Toleranz, die gar nicht einbezieht, dass wir selbst beschenkt werden können.

Ich hatte das Glück, absichtslos und fast aus Versehen auf einen jüdischen Friedhof zu geraten. Eher aus Höflichkeit, weniger aus Interesse hatte ich mich mit hineinnehmen lassen. Das machte die große Überraschung möglich.

Dieser Friedhof gehört zu den in der Zeit der Verfolgung verschont gebliebenen, da er ganz versteckt an einem bewaldeten Hang in der Nähe von Sulzburg (im Markgräflerland, am Fuße des Schwarzwalds) liegt, das zu den eher abgeschiedenen als ins Auge fallenden Orten der großen Heerstraßen des Dritten Reiches gehörte. Als ich ihn an einem sonnigen Vorfrühlingstag betrat, kam mir etwas gänzlich Unerwartetes entgegen.

Es war nicht nur das äußere Bild, das mich traf, diese moosbewachsenen, zum Teil schon verwitterten und umgefallenen Grabsteine im Schatten noch älterer Bäume, fremde Symbole aus längst vergangener Zeit; dazwischen lose, von hohen Ästen bis zur Erde reichende Efeuranken, wie alte Fahnen, deren Fetzen der Wind noch einmal lebendig zu machen versucht; in der

Mitte die steinernen Stufen einer langen Treppe, die zwischen Gras und vermoderten Blättern den Hang hinaufführt. Warum, so fragte ich mich schon in den ersten Minuten, trifft man hier auf eine so intensive Ausstrahlung, die eher an Lebensfülle als an Tod und Trauer denken lässt?

Es kann, so vermutete ich, an einer besonderen Art des Gesprächs zwischen den Lebenden und den Toten liegen, das über den Austausch von Gedanken und Empfindungen noch hinausgeht. Aber dies allein überzeugte mich noch nicht. Man spricht von geweihten Stätten, wenn das Unfassbare einen Ort gesucht und ihn gefunden hat, aus dem heraus es wirken und gegenwärtig bleiben kann. Ein solcher Ort musste dieser Friedhof sein. Fragen blieben offen, und mir war klar, dass diese Begegnung noch nicht abgeschlossen war.

Zunächst hatte ich das starke Bedürfnis, andere an diesem Erlebnis teilnehmen zu lassen, meine Familie, meine Freunde. Aber hätten Worte vermitteln können, was ich auf diesem Friedhof gefunden hatte?

Ein halbes Jahr später besuchte ich mit meinem Mann den Friedhof noch einmal. Ein paar Fotos entstanden. Als ich sie kurze Zeit später vor mir hatte, die Erinnerung wieder lebendig wurde, kam die Sprache, zögernd noch und vorsichtig das Erlebte berührend.

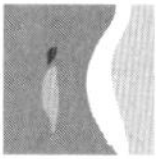

Stufen aus Stein
aus dichtester Materie
die unverändert fast
die Zeiten überstanden haben.

Wenn sie Bewusstsein hätten
welch ein Opfer –
ohne Bewegung
ohne Klang
zu bleiben, was sie immer waren
um eines nur zu können
nur das eine –
TRAGEN.

**U**ralte Zeichen
auf einem Stein.

Seine Zeichen
durch Blatt und Moos hindurch
Vergangenheit andeutend
die einen Ursprung
eine Quelle hat
aus der ich selber kam

die mich am Ende meines Weges
wieder einen will
mit allen
die sie je entließ.

**H**ände
eine rechte – eine linke,
die handelnde im Hier und Jetzt,
die segnende
von drüben.

Mit rechts
gestalten wir die Welt
nach unserem Ermessen,
mit links
verbinden wir die Welt mit dem
der uns aus sich entließ.

ZWEI wurde aus der EINS

doch nicht getrennt
nicht wählen sollen wir
rechts oder links
das Handeln oder Segnen

vermählen beides –
nur das verspricht
was wir zutiefst ersehnen.

**D**urch die Wüste zogen sie
und konnten ihre Toten
am Rande ihres Weges nur begraben.
  Ein Stein*
  zu unterscheiden kaum von anderen
  war einz'ges Zeichen auf dem Grab.

Und immer noch
ist solch ein Stein Erinnerung
sagt wie in längst vergangener Zeit:
Bis hierher gingen wir zusammen.
Dein Weg ist nun zu Ende
doch geht er drüben weiter
und auch der unsre.

Es heißt, dass wir das Land
aus dem wir kamen
nie ganz verlassen haben
verborgen nur die Spur
die drüben unsre Wege zeichnet
Irrtum, was uns hier Schmerz bereitet.

  Da ist ein Gott
  der uns die Augen öffnen
  uns wieder neu vereinen will.

* Juden legen statt Blumen als Gruß einen Stein auf das Grabmal.

Schnecke
nicht zu übersehen
hängst du an diesem Stein
inmitten kaum noch wahrnehmbarer Zeichen
als wolltest du an ihrer Statt
mir etwas sagen.

Du fügst in deinem Haus
dich der Bewegung der Spirale
die immer mehr sich einer Mitte nähert
und ruhst dich
angekommen
darin aus.
Wie einfach deine Sprache!

Den gleichen Weg
sind unsre Toten wohl gegangen
als sie von außen sich
nach innen wandten.

Doch – wie soll ich verstehn
dass diese Mitte
der kleinste
nicht mehr wahrnehmbare
Punkt
dies scheinbar absolute Nichts
das Tor ist zur Unendlichkeit?

Nicht Trauer atmet dieser Ort
zurückgenommen hat die Erde nur
was sie zuvor uns gab.

Der Leib
er formte sich
als er die Seele trug
in ständiger Verwandlung
dem Gesetz gehorchend
dem Zusammenspiel
von Stoff und Leben
bis er sie wieder freigab
sie ihren Ursprung
suchen – finden ließ.

Doch wissen wir
was dieser Leib
der eine Seele trug
an Spuren mit in diese Erde nahm
sie damit heiligte
beschenkte?

Da ist ein Ahnen nur
dass in der Erde
aus Gott gelebtes,
dem Stoff verbundenes Leben
noch immer gegenwärtig ist.

## Ursymbole

**D**ie immer wiederkehrenden Symbole auf den Grabsteinen fallen ins Auge, und es stellt sich die Frage nach ihrer Bedeutung. Peter Huchel (1903–1981), ein Schriftsteller jüdischer Herkunft, der den Friedhof in Sulzburg im Jahre 1925 besuchte, schreibt dazu:

„Fünf Rabbiner sind auf dem Sulzburger Friedhof bestattet. Auf ihren Grabsteinen, über den Inschriften, sind die Zeichen ihres Priestertums eingemeißelt: die segnenden Hände der Hohenpriester in der typischen Haltung, die inneren Handflächen sind nebeneinander gestellt, die Daumen berühren sich, die übrigen Finger schweben darüber. Aber auch eine Hand mit der Kanne, die das Wappen der Leviten darstellt, die dem Priester bei der Reinigung der Hände halfen, ist einigen Steinen eingraviert. Viele Steine krönt eine Rosette; auf Kindergräbern, mit nur halbhohen Steinen, sieht man das Halbrelief einer kleinen Rose."

Für den, der den Ursymbolen des Judentums noch nicht begegnet ist, müssen sie auch nach ersten Erklärungen stumm bleiben, stumm und fremd. Das Interessante an ihnen kann wohl Respekt erwecken, in seiner Undurchschaubarkeit aber kaum zum Gespräch einladen.

Aber – ist es wirklich nur die Kluft zwischen einander fremden Kulturen oder hat so vieles Nicht-Verstehen-Können noch einen anderen Grund?

Auf einem Gedenkstein gleich hinter der Eingangstür des Friedhofs fand ich den Bibeltext aus dem jüdischen Buch Daniel 12,9 eingemeißelt: „Verschlossen und verriegelt sind die Worte in der Zeitlichkeit."

Dieses Wort an dieser Stelle, inmitten uralter Zeichen und Bilder, erschloss sich mir erst sehr viel später in seiner Doppeldeutigkeit. Zum einen, so scheint es, sind die Worte gemeint, die uns am Ende unserer Zeit erwarten, uns richten, ausrichten wollen auf ein neu zu beginnendes Leben. Zum anderen sind es die Worte Gottes, mit denen er die Welt erschaffen hat. Zum Bild geworden, empfingen sie den Menschen im Diesseits, wurden ihm mit auf den Weg gegeben. Nun haben aber alle Bilder, hat alles Erschaffene eine sichtbare Seite und eine verborgene, verschlüsselte. Ein Baum ist nicht nur ein mit unseren Sinnen wahrnehmbares Objekt. Sein Bild sagt uns etwas über unseren eigenen Wurzelgrund im Erdhaften und über unser Wachsen in den Bereich hinein, den wir „Himmel" nennen, der eine andere Wirklichkeit berührt. Seit Jahrtausenden lebt der Mensch mit solchen wegweisenden Bildern, und wir brauchen sie heute noch.

Als ich einmal in frühester Morgenstunde erlebte, wie die Blätter eines Baumes plötzlich eine goldene Färbung annahmen, ich nicht sehen, aber ahnen konnte, dass gerade die Sonne aufgegangen war, wurde mir bewusst, dass diese meine Situation im übertragenen Sinne die Ursituation des Menschen war und noch ist. Das Gleichnis vom Menschen in der Höhle (Friedrich Hegel) – ich würde eher von einem Kind in der Höhle sprechen –, der die Sonne nicht sieht, nur das, was von ihr beschienen wird, deutet hin auf ein Bewusstsein, dem Gott und seine Intentionen verborgen sind. Ähnlich aber wie ich auf den Blättern des Baumes das Leuchten der Sonne wahrnahm, kann uns in Gottes Bildern sein Licht treffen, uns an unseren Ursprung erinnern, den Weg zeigen und das Ziel. Auf vielen Ebenen spricht Gott zu uns. Eine von ihnen ist die Offenbarung im Wort, mit dem er sich über unser Hören an den Verstand wendet. Auf einer anderen kann er unseren Augen mit seinen Bildern sagen, was der Verstand allein nicht fassen kann.

Klar ist, dass wir bei der Entschlüsselung alter, für uns immer noch bedeutsamer Bilder Hilfe brauchen. Wir haben das Bilderlesen verlernt, verstehen nur noch wenig. Wir brauchen die Hilfe derer, die mit Bildern aufgewachsen sind, uns etwas über sie sagen können.

An dieser Stelle möchte ich zunächst eine Geschichte erzählen. Sie stammt aus dem Chassidismus – einer mystisch-religiösen Bewegung des osteuropäischen Judentums – und kann verdeutlichen, wie solche Hilfe gemeint ist.

Einst kam ein Mann zu Rabbi Baruch und klagte ihm sein Leid.

„Mein Sohn versteht es nicht, mit unserem Nachbarn in Frieden zu leben", sagte er. „Schon oft habe ich ihn erinnert, dass ein wahrer Chassid seinen Nächsten zu achten und zu ehren hat. Alle Gebote erfüllt mein Sohn, aber dies eine nicht. Kannst du nicht mit ihm reden? Auf dich wird er mehr hören als auf mich."

„Wie heißt euer Nachbar?", fragte der Rabbi.

„Moshe Levi", antwortete der Mann.

„Hat er nicht einen Keller", fragte wiederum der Rabbi, „mit vielen köstlichen Weinen?"

„Von dem Keller weiß ich wohl", sagte der Mann, „aber von den Weinen habe ich noch nichts gehört."

„Geh' zu Moshe Levi", riet ihm der Rabbi, „kaufe eine Flasche von dem besten Wein und gib deinem Sohn davon zu trinken."

Der Mann tat, wie ihm geheißen, und der Sohn fragte sofort: „Woher hast du den Wein? Ich habe selten einen so guten getrunken."

„Von Moshe Levi", antwortete der Mann.

Da ging der Mann zu Moshe Levi, kaufte noch eine Flasche dazu und kam dabei mit ihm ins Gespräch.

Die dritte Flasche haben sie zusammen getrunken, und es bedurfte keiner Mahnung mehr, den Nachbarn zu achten und zu ehren.

Weinkenner werden sofort verstehen, was mit der Geschichte gemeint ist. Wein trinkt man nicht nur, um seinen Durst zu löschen, schluckt ihn nicht gleich hinunter. Man lässt ihn, wie man sagt, auf der Zunge zergehen, schmeckt ihn, und die Wirkung bleibt nicht aus. Jeder Mensch birgt einen „Keller" in sich mit kostbaren Weinen. Jede Kultur hat etwas zu bieten, zu verschenken, wenn man sich die Mühe macht, in ihren Keller zu steigen und von ihrem Wein zu kosten. Auch in Bildern kann man etwas „schmecken", wenn man sie nicht gleich „hinunterschluckt". Doch braucht unser

Kopf ein paar Hinweise, braucht einen Schlüssel, mit dem man erschließen kann, was im nur zeitlichen Denken verschlossen und verriegelt bleiben muss.

So möchte ich mich im Folgenden auf den jüdischen Gelehrten Friedrich Weinreb (1910–1988) stützen und ihn zu Wort kommen lassen, dessen Bücher mir im wahrsten Sinne des Wortes aufschlussreich waren.

## Segnende Hände

**D**ie Bedeutung der segnenden Hände, um mit diesem Beispiel zu beginnen (vgl. Foto S. 63) , führt uns an das heran, was im jüdischen Volk von Urzeiten her als Kern der geoffenbarten Wahrheit verstanden wurde. Die Welt hat eine erscheinende, für uns sichtbare Seite und eine verborgene. Entsprechend verbildlicht die rechte Hand des Menschen die handelnde im Hier und Jetzt. In der linken Hand wirkt die verborgene Kraft Gottes in unsere sichtbare Welt hinein. Aber so, wie die beiden Hände untrennbar verbunden sind in der Einheit des Körpers, sind und bleiben auch die beiden Welten eins.

In unserem Bewusstsein wurden diese beiden Welten getrennt, als sich der Mensch mit dem Genuss der Früchte vom Baum der Erkenntnis dem nur kausal Erklärbaren verschrieb. Damit schnitt er sich vom Baum des Lebens ab. Doch, so heißt es, wurden damit auch die beiden Bäume scheinbar voneinander getrennt, so blieben ihre Wurzeln doch vereint. Die Trennung war nicht vollkommen. Ein Rest an Verbindung blieb. Dieser Rest fand sein mythisches Bild in einem „winzig kleinen Knochen", *Lus* genannt, den jeder in sich hat. Er vergeht nie, was auch immer mit dem Körper geschehen mag. Zwischen ihm und dem Jenseits spinnt sich ein „unzerreißbarer Faden", der die beiden Welten miteinander verbindet.

*Lus* war gleichzeitig auch der Name für den Stein in einer alt-biblischen Geschichte, auf den Jakob seinen Kopf zum Schlafen legte und im Traum die Himmelsleiter sah mit den auf- und absteigenden Engeln.

Knochen – Stein, Bilder aus einem Bereich, der dem damaligen Bewusstsein als dichteste Materie erscheinen musste. Es war der Endpunkt des „Sturzes in die Materie", mythisch verstanden die äußerste Entfernung vom Ursprung, die äußerste Gottesferne. Darin eingelassen aber die unzerstörbare Verbindung zwischen Licht und Materie, zwischen dem Ursprung und der Welt, die Gott geschaffen hat. Nun wird ja der „winzig kleine Knochen“, wenn ein Mensch stirbt, mit in das Grab gelegt. Durch ihn ist die Verbindung da zum Jenseits. Darum ist das Grab auch kein Haus des Todes, sondern ein Haus des Lebens. Darum wird auch der Friedhof *Beth ha-Chajim* – Haus des Lebens genannt.

Ein weiterer Gedanke kommt noch hinzu. Es heißt, dass alles, was in unserer sichtbaren Welt existiert und geschieht, seine Entsprechung im Jenseits hat. Unseren Weg sind wir nicht nur hier, wir sind ihn auch drüben gegangen. Wenn er nun hier sein Ende gefunden hat, so geht er doch drüben weiter. Alles, was hier geschah, ist eingesammelt schon drüben und wird auf den neuen Weg mitgenommen. Das ist das Erlebnis der Auferstehung.

### Rosette

Nur noch angedeutet ist der Auferstehungsgedanke in der Rosette (nur noch schwach sichtbar auf dem Foto S. 63, oberhalb der Hände). Als eine Art Ur-Blume spielte die Rose nicht nur in der jüdischen Tradition eine wichtige Rolle. Wie ein Gedanke Gottes blüht sie hier in unserer Welt auf. Aber nicht nur ihre Schönheit macht sie zu etwas Besonderem. Die Blütenstruktur der Rose, genauer gesagt der „mystischen Rose“, die sich im Mythos daraus entwickelte, sagt ähnlich den Händen etwas aus über die Struktur unseres Lebens, über seinen Sinn und wie sich alles darin immer wieder auf das Jenseits bezieht. Um einen Mittelpunkt sind zwölf Blütenblätter angeordnet, abwechselnd ein weißes und ein rotes. Rot steht für das Farbspektrum dieser Welt, Weiß für das Verborgene, das nicht erkennbare Jenseits. Denken wir an das Grimmsche Märchen von Schneeweißchen und Rosenrot. Auch hier versinnbildlichen die Farben die doppelte Ausrichtung der menschlichen Seele nach innen und nach außen. Von besonderer Bedeutung ist bei der „mystischen Rose“ aber ein dreizehntes Blatt. Es führt in eine nächste Windung und verweist auf das endgültige Verlassen dieser Welt. Damit ist die Spirale als Lebensmuster angedeutet. Nicht eine in sich verfangene Kreisbewegung, sondern die weiterführende Bewegung der Spirale kann die Beschaffenheit unseres Lebensweges zum Ausdruck bringen. Schon hier im Diesseits, so heißt es, führt uns der Weg um die

Mitte immer wieder auf eine höhere Ebene, bis er, wenn wir hinübergehn, in das Verborgene, in das Jenseitige eingeht. Von dorther wird verständlich, dass in der mystischen Lehre der jüdischen Kabbala „das Schneckenhaus als Grundmuster der Schöpfung“ gegeben ist. Nicht nur in der Kabbala! Auch in anderen Kulturen, auch in unserer, taucht das Wissen um dieses Lebensprinzip immer wieder auf. In einem Gedicht von Hermann Hesse (1877–1962) „Stufen“ finden wir es wieder:

„Wir sollen heiter Raum um Raum durchschreiten,
An keinem wie an einer Heimat hängen,
Der Weltgeist will nicht fesseln uns und engen,
Er will uns Stuf' um Stufe heben, weiten.“

Und die letzte Strophe des gleichen Gedichtes lässt an das dreizehnte Blatt der „mystischen Rose“ denken.

„Es wird vielleicht auch noch die Todesstunde
Uns neuen Räumen jung entgegensenden,
Des Lebens Ruf an uns wird niemals enden…
Wohlan denn, Herz, nimm Abschied und gesunde!“

Durch viele Welten wandern wir – nicht nur hier auf der Erde. Auch drüben scheinen Welten auf uns zu warten, die nach und nach durchschritten werden wollen, bevor wir das Ziel erreichen. Aber was ist mit dem Ziel gemeint? Ein Ende? Ist Leben nicht etwas Unendliches?

Wenn wir danach zu fragen beginnen, regt sich in uns zumeist eine urmenschliche Sehnsucht. Wir möchten irgendwann „endlich" etwas hinter uns lassen können, was uns gefangen hält, und dort ankommen, wo es kein Leid mehr gibt. Zu dieser Sehnsucht gesellt sich die Erwartung, richtet sich, wenn wir uns selber hilflos fühlen, auf jemanden, der uns aus der Gefangenschaft führen und von allem Leid befreien kann: auf einen „Messias".

Wohin dieser sehnsüchtig erwartete Messias uns führen kann und soll, ob in eine neue Gesellschaftsordnung, ein neues Zeitalter oder in ein Jenseits am Ende der Zeiten – ob die ganz andere Welt ein Äußeres ist oder ein nur Inneres –, das ist die viel diskutierte Frage. Im Dialog zwischen Judentum und Christentum spielt sie mit all ihren Aspekten eine entscheidende Rolle.

## Die Offenbarung des Ephraim

**E**s war ein schwer zu entschlüsselnder Traum, der mich über Jahrzehnte hin beschäftigte, der keine Antwort, aber vielleicht einen Hinweis enthielt, was mit dem Messias ursprünglich gemeint war.

Ich stand in diesem Traum in einer wüstenähnlichen Landschaft, allein, wie mir schien, und vor mir ein sehr großer, bauchiger Tonkrug. Ich griff mit beiden Händen hinein und holte eine steinerne Tafel heraus, die sich aufklappen ließ, in zwei Teile. Auf der Innenseite waren alle Buchstaben des Alphabets aufgezeichnet, in allen Farben. Und dann hörte ich hinter mir die Stimme eines Mannes, den ich mehr ahnte als wahrnahm: „Das ist die Offenbarung des Ephraim."

Ich konnte damals weder mit den Traumsymbolen noch mit dem Namen Ephraim etwas anfangen, bis mir eines Tages das Buch von Friedrich Weinreb in die Hände fiel „Zeichen aus dem Nichts". Die Weisheiten der hebräischen Ursprache, um die es in diesem Buch geht, werden darin verständlich gemacht und, soweit es möglich ist, in die Sprache unserer Zeit übersetzt. Ich erfuhr in diesem Buch etwas über Ephraim. „Versprochen ist der Messias, Sohn von Joseph, aus Ephraim, der derselbe ist wie der Messias, Sohn von David." Und an anderer Stelle wird Ephraim der leidende Messias genannt und der Sohn Davids der siegende Messias. – Ich erfuhr noch mehr. Mit dem Öffnen der Steintafeln entfaltete sich die Einheit in die Dualität. Wir erfahren mittels der Zahlensymbolik etwas darüber, wie die Welt erschaffen wurde. Aus der Eins wurde die Zwei. In der Zwei, dem Doppelten, Polaren, kamen die zweiundzwanzig Zeichen des hebräischen Alphabets zur Welt, deren jedes einen Schöpfungsakt symbolisiert, nicht nur in der äußeren, auch in der inneren Welt. Darin schon, so sagte es der Traum, offenbarte sich der Messias. Von Anbeginn war Er dabei.

Aber zunächst ist von dem leidenden Messias die Rede. Der siegende wird danach erwartet, später. Dieses geschichtliche Nacheinander soll uns die beiden Aspekte des Messias besser verstehen lassen. Erst wenn wir das Ineinander begreifen lernen, kann aus den beiden, dem leidenden und siegenden, der eine Messias werden. Erst dann werden wir auch besser mit dem Ineinander von Unheil und Heil in unserem Leben umgehen können. Doch oft genug noch brauchen wir eine Lektion, wie sie der Mann der folgenden Geschichte erlebte.

## Die zwei Gärten

**E**in Mann kam in ein Dorf, in dem, wie überall erzählt wurde, wunderschöne Gärten waren, große und kleine, vornehme und einfache. Der Mann, mit seinem eigenen Garten nicht mehr zufrieden, wollte sich in diesen Gärten einmal umsehen. Vielleicht, so dachte er, kann ich dieses und jenes dann in meinem Garten verändern.

Am Eingang des Dorfes saß ein sehr alter Mann, der verständig und weise aussah. Ihn fragte er, wie er es anstellen müsse, einen der Gärten zu besehen, um deretwillen das Dorf so berühmt sei. Der alte Mann winkte einen seiner Söhne herbei, und dieser führte ihn in einen großen Garten.

„Die Gartenpforte muss erneuert werden“, sagte der Sohn, als sie den Garten betraten, und zeigte auf einige unschöne, schadhafte Stellen. „Und die Wege sind reichlich ausgetreten und müssten eingeebnet werden.“ Vor einem Rosenstrauch blieb er nachdenklich stehen: „Seht ihr die Blattläuse? Er wird kaum überleben. Und das Gewächs dort hinten an der Mauer, es wird wohl auch eingehen. Die Wurzeln sind befallen und nehmen das Wasser nicht mehr auf. Wir können gießen, so viel wir wollen, es hilft nicht mehr.“ Der Sohn zeigte ihm noch manches, was nicht in Ordnung war. Es schien ein kranker Garten zu sein, und der Mann überlegte, warum man ihn gerade in diesen Garten geführt hatte.

Enttäuscht berichtete er dem Alten vom schlechten Zustand des Gartens und fragte ihn, ob er nicht einen anderen sehen könnte.

Der weise Alte winkte einen anderen seiner Söhne herbei. Dieser führte den Mann in einen Garten, der ihm wohl gefiel.

„Seht hier, diese Kletterrose“, sagte der Sohn und zeigte auf den Bogen über der Gartenpforte. „Sie blüht das ganze Jahr. Es gibt keine andere Kletterrose im ganzen Dorf, die so viele Blüten treibt. Und dort, der Mandarinenbaum. Er trägt die süßesten Früchte.“ Er gab dem Mann eine reife Frucht von köstlichem Aroma, die ihm wohl schmeckte. „Dieses Beet haben wir neu angelegt. Vor einigen Tagen haben wir die Samen in die Erde getan. Es werden Blumen wachsen, große, weiße, mit starkem Duft, ähnlich wie die blauen dort an der Mauer. Die ersten Sprossen kommen schon. Seht ihr sie? Und dort ist unser Brunnen. Schaut nur, wie tief er ist. Noch nie hat es uns an Wasser gefehlt.“ So führte dieser Sohn den Mann durch den Garten und zeigte ihm all seine Schönheiten.

Begeistert berichtete der Mann dem Alten von allem, was er in diesem Garten gesehen hatte, und bedankte sich. Der Weise lächelte nur und fragte: „Habt ihr nicht gemerkt, dass ihr in ein und demselben Garten gewesen seid?“

Heiles und Unheiles also in ein und demselben Garten! Der Friedhof von Sulzburg ist ein ähnlicher Ort. War er für mich ein großes Erlebnis, das seinen Namen „Haus des Lebens“ so voll und ganz rechtfertigte, löste er bei Peter Huchel, der ihn nach fast fünfzig Jahren wieder besuchte, ganz andere Empfindungen aus.

Zunächst fand er ihn kaum, weil er umstellt war von Campingwagen, Sonnenschutzdächern und Liegestühlen. Was mag in ihm vorgegangen sein, als er dann beim Betreten des Friedhofs auf dem großen Gedenkstein die Namen der Opfer der Judenverfolgung fand, als auch die Erinnerung an seinen Freund Hans A. Joachim hochkam, der beim ersten Besuch des Friedhofs mit ihm gewesen war, später, gerade 40-jährig, von der Gestapo verhaftet, nach Auschwitz gebracht und ermordet wurde?

„War hier nicht wieder ein Kampf, den ungleiche Gegner miteinander auszutragen hatten, die Wohlstandsbürger, denen der Schweiß übers Gesicht rann, die Federball spielten, um fit zu bleiben – und die toten Juden, die hier auf dem Friedhof lagen? Es schien sich nichts geändert zu haben. Sicherlich tat ich diesen Urlaubern Unrecht, aber ihre Gesichter kamen mir im Augenblick so glatt und leer vor wie die unbeschriftete marmorne Rückseite eines Grabsteins.

Was hätte ich nicht darum gegeben, nicht hier zu sein. Jetzt war ich hier, ich zwängte mich durchs Gittertor, ich betrat das Ghetto der Toten.

Dieser Friedhof, umzingelt vom Leben der Wohnwagenbesitzer, hatte etwas Archaisches, die Absolutheit des Todes herrschte hier. Hast, Angst und Hoffnung waren vermodert, der Untergang existierte für die Toten nicht mehr. Sonne, Windstöße, Schnee ertrugen geduldig die Grabtafeln aus Sandstein, die man vom nächsten Steinbruch hergekarrt, behauen und den Toten zum Gedächtnis aufgestellt hatte. Die eingemeißelten hebräischen Lettern waren vom Regen ausgewaschen und auf vielen Steinen nicht mehr zu entziffern…

Bisweilen meinte ich Stimmen zu vernehmen, das leise Sirren des Windes, der sich an der Öde rieb. Unter Haselnusssträuchern fand ich eine Reihe fast völlig im Erdreich versunkener Grabsteine. Ein paar Schritte weiter hatte eine Birke im Umstürzen mit ihren Wurzeln einen Stein aus dem Boden herausgehoben.

... Ich stieg langsam den lindenumstandenen Hauptweg hinauf, mein Blick glitt über die Steine, die zwischen üppig wuchernden Farnen, Schachtelhalmen, verblühtem Salomonssiegel und Goldhahnenfuß standen..."

Lebensfülle – Todesangst, einer erlebt dieses, ein anderer jenes. Wieder taucht die Frage nach dem Messias auf, denn wer möchte nicht von seinem Leid erlöst werden?

Es heißt, wie der Hirte das verlorene Schaf nur finden kann, wenn er ihm nachgeht, so kann Gott dem Menschen nur helfen, wenn Er ihm in die letzte Ferne folgt, an die Orte des Leidens und des Todes. Im mitleidenden Messias, in Ephraim, offenbart Er uns, dass Liebe, die das Leid nicht riskiert, nicht helfen kann. – Warum? Das ist die kaum zu beantwortende Frage.

Mir fällt ein Wort von Rainer Maria Rilke ein, der in einem seiner Bücher um Geduld bittet gegenüber allem Ungelösten in unserem Herzen. Wir möchten versuchen, die Fragen lieb zu haben wie verschlossene Stuben und wie Bücher, die in einer fremden Sprache geschrieben sind. „Forschen Sie jetzt nicht nach den Antworten. Vielleicht leben Sie eines fernen Tages, ohne es zu merken, in die Antworten hinein.“

## Verlorenes findet sich wieder

**D**ass noch ein anderes Problem von uns zu bewältigen ist, soll die Geschichte von *Alef* und *Taw* erzählen, dem ersten und dem letzten Buchstaben des hebräischen Alphabets.

Als zum ersten Mal in dieser Weltenzeit ein Mensch begann, alle Zeichen zu sammeln und zu ordnen, die man braucht, um sein Wissen kundzutun, und als er sie dann sorgfältig auf eine steinerne Tafel geritzt hatte, fingen – wie das so ist auf unserer Erde – die Zeichen an darüber nachzudenken, welches von ihnen wohl das bedeutendste wäre. Das erste und das letzte, Alef und Taw, gerieten darüber sogar in einen heftigen Streit.

„Ohne mich gibt es keinen Anfang“, sagte das *Alef* „Es würde keiner von euch auf der Welt sein, wenn es mich nicht gäbe.“

„Was nützt ein Anfang“, erwiderte das *Taw,*

„wenn nicht die Vollendung allem einen Sinn geben würde.“

„Lass uns zählen“, schlug das *Alef* vor, „wer von uns am meisten von den Menschen gebraucht wird. Dann wird sich zeigen, wer der Bedeutendere ist.“

So fingen sie an zu zählen und zählten ihre Abbilder auf den steinernen Tafeln und in den papiernen Rollen. Und weil immer mehr Menschen sich anschickten, ihr Wissen aufzuschreiben, und sie nur noch mit ihrem eitlen Zählen beschäftigt waren, verloren sie sich schließlich aus den Augen.

Beim König Salomon trafen sie sich zufällig wieder. Als sie dort nun auch noch feststellen mussten, dass die Menschen nicht nur aufschrieben, was sie mit ihren Augen sehen konnten, sondern dazu noch alles, was in ihren Herzen vor sich ging, gerieten sie völlig in Verwirrung. So gingen sie zum weisen König und baten ihn um seinen Rat. Als der ihnen erklärte, dass einer allein gänzlich unwichtig sei, dass sie nur zusammen eine Bedeutung hätten, nahmen sie erschöpft und, wie es schien, auch friedlich geworden ihren Platz unter den anderen Zeichen wieder ein. Ja, ihr schwieriges Unternehmen, das mit einer weisen Einsicht seinen Abschluss fand, hatte sie, so könnte man sagen, fast zu Freunden gemacht.

Die Besonderheit dieser Freundschaft erkannten sie aber erst, als sie von einem Maler direkt nebeneinander unter ein Bild gesetzt wurden, in einem etwas veränderten Gewand zwar, aber immer noch als das zu erkennen, was sie einmal waren, *Anfang* und *Ende, A* und *O.* Das geschah in der Zeit, in der das göttliche Wort Seinen Weg auf der Erde begonnen und vollendet hatte.

Doch die Geschichte ist damit noch nicht zu Ende. Als sie eine Weile so auf dem Bild gestanden hatten, kam eines Nachts ein Engel und sagte: „Vertauscht eure Plätze!“ – Die beiden wunderten sich sehr. Da es aber ein Engel war, der ihnen diesen seltsamen Befehl gab, gehorchten sie. Nur wollte das *Alef* doch gern wissen, warum es nun hinten und nicht wie sonst vorn stehen müsste.

„Damit die Menschen lernen, dass es nach jedem Ende einen neuen Anfang gibt“, sagte der Engel und flog wieder zurück in den Himmel.

Sich aus den Augen verlieren ist die Gefahr, aus welchen Gründen auch immer. Sich wieder finden ist die Chance. Nicht nur Menschen, auch Völker und Kulturen haben sich aus den Augen verloren oder noch nie entdeckt. Das gilt in besonderem Maße für Juden und Christen. Unsere Chance wäre, wie Ruth Lapide es einmal sagte, „die Besinnung auf die gemeinsamen Wurzeln". Dass sie auf einem Friedhof ihren Anfang nehmen kann, mag erstaunen. Und es mag noch mehr erstaunen, dass sie uns nicht nur von dem Leben nach dem Tode eine Ahnung vermitteln, sondern uns auch die Augen öffnen kann für neue Räume unseres Lebens hier auf der Erde. Viele Welten warten auf uns, wenn wir bereit sind, unseren Weg zu gehen, uns weiterzuentwickeln.

Doch darf nicht übersehen werden, dass es zwei Arten von Entwicklung gibt. Die eine, „die im Kreis verfangen bleibt, verschafft uns zwar mehr Detailkenntnisse. Wir verlieren dabei aber die Fähigkeit, uns aus dem Kreis zu erheben. Die nächste Windung der Spirale wird nicht erreicht" (Weinreb).

Die andere Entwicklung schaut nicht nur nach rechts und nach links, sondern auch nach oben. Sie bittet, wie es in der Geschichte heißt, den „König" um Rat, lässt sich von einem Engel leiten und stellt so das Gleichgewicht her zwischen oben und unten. Himmel und Erde können eine Beziehung eingehen, sich durchdringen und jeder Entwicklung eine andere Qualität geben.

Das kann, auch wenn manches in die nächste Welt hinein mitgenommen werden darf und soll, ein schmerzliches Loslassen unseres Ehrgeizes bedeuten. Vertrauen ist gefragt. Und erst wenn wir angekommen sind, wenn wir spüren, dass das Herz nicht nur einverstanden ist, sondern sich im Grunde immer danach gesehnt hat, lösen sich die Schatten des Übergangs auf. Wir nehmen eine neue Welt wahr, in uns selbst ein neues Bewusstsein, und wir merken schließlich auch, dass ankommen und einander näher kommen ein und dasselbe sind.

## Der Stern über dem Brunnen

Es war in einem kleinen Ort, der in jener Zeit nicht mehr beachtet wurde als irgendein anderer in diesem Land. Inmitten seiner Häuser stand auf einem freien, schattenlosen Platz ein Brunnen. Man holte dort nicht nur sein Wasser. Man traf sich, verweilte, redete miteinander und brachte so ein wenig Unterhaltung in den eintönigen Ablauf des Tages.

In den Abendstunden, wenn der Tag noch nicht vorbei und die Nacht noch nicht angebrochen war, wenn sich am Himmel im letzten schwachen Licht der untergehenden Sonne die ersten Sterne zeigten, saß dort ein alter Mann. An sein Kommen und Gehen zu dieser Zeit hatte man sich so gewöhnt, dass ihn kaum noch jemand beachtete. Wer denkt schon nach über das, was jeden Tag kommt und wieder geht! Das Selbstverständliche scheint mit der Zeit seinen Wert zu verlieren.

Doch gab es eine junge Frau, die nicht ohne Absicht zu eben diesen Abendstunden zum Brunnen kam. Sie wusste, dass dort noch etwas anderes als Wasser zu holen war. Der alte Mann sprach nicht viel, und wenn, dann meist nur ein oder zwei Sätze. Was aber darin zum Ausdruck kam, war oft mehr, als eine ganze Geschichte erzählen kann. Man konnte es mitnehmen, auf dem Heimweg und zu Hause darüber nachdenken und viel leere Zeit damit füllen.

Als diese Frau sich eines Abends an den Rand des Brunnens setzen wollte, hielt sie erstaunt inne. Weit unter dem Wasserspiegel schimmerte ein Licht, das sie noch nie gesehen hatte. Sie war betroffen von seiner Klarheit und Helligkeit, stand, schaute.

In diesem Augenblick kamen ein paar Kinder dazu, beugten sich über den Rand des Brunnens, warfen kleine Steinchen hinein und freuten sich über das Gegluckse des Wassers und die tanzenden Tropfen, die heute viel heller waren. Das Licht aber verlor seine Klarheit, zerstreute sich, blitzte nur noch hier und da in der Unruhe des bewegten Wassers auf.

In einem kaum zu erklärenden Anflug von Betroffenheit schaute die Frau ratlos auf den alten Mann. Der verstand sofort und sagte nur: „Schau doch nach oben!“ Sie hob den Kopf und sah ihn, den Stern, der mitten über dem Brunnen stand.

Die Kinder spielten weiter, warfen ihre Steinchen in den Brunnen. Den Stern, der am immer dunkler werdenden Himmel zu leuchten begann, berührte es nicht.

# Neu ins Leben treten

# EIN SONNENGESANG

## nach Worten von Franz von Assisi und Gedichten von Rose Ausländer

Wir leben in einer Welt, in der uns der Lobpreis oft, wenn nicht immer, in der Kehle stecken bleibt. Allzu sehr stürmen Bilder von Tod, Zerstörung und Gewalt auf uns ein, viel zu sehr ängstigt uns, was auf uns zukommt. Visionen sind wichtig, rettende Bilder lebensnotwendig.

Die jüdische Dichterin Rose Ausländer (1901–1988) erlebt die Schrecken der Nazizeit und der anschließenden russischen Besatzungsmacht im Ghetto von Czernowitz (Bukowina), später „hält sie sich liegend aufrecht mit 30 Tabletten am Tag“ (J. Serke) und – mit ihrer Poesie. Sie gleicht dem heiligen Franz von Assisi (1182–1226), der seinen Sonnengesang schrieb, „als er krank in San Damiano lag“, verfolgt von den dunklen Mächten der Hölle, die sich die Kleider von Mäusen und Ratten umwarfen. Wie ihm wird ihr im „Feuerofen“ eine andere Weltsicht geschenkt. Sie beschreibt und beschwört mit Bildern und Worten eine andere Welt. Und ganz offensichtlich ist diese wirklicher als das Hier und Jetzt.

Aus diesen Gedichten offenbart sich eine Seelenverwandtschaft zweier Menschen, der jüdischen Frau aus dem 20. Jahrhundert und dem christlichen Heiligen aus dem Mittelalter. So deuten sie sich gegenseitig als Ausdruck einer unstillbaren Sehnsucht nach einer anderen Welt. Indem wir die Gedichte von Rose Ausländer und den Sonnengesang des Franz von Assisi nachvollziehen, beginnt diese andere Welt real zu werden – inmitten der Zeit.

So üben wir sie ein, diese andere Welt, für die wir bestimmt sind. Sie soll nicht bloß Utopie bleiben, sondern Raum und Zeit haben, hier und jetzt.

*Höchster allmächtiger guter Herr*
*Dir sei das Lied die Herrlichkeit die Ehre*
*und aller Segen*
*Dir allein Höchster kommen sie zu*
*Kein Mensch ist würdig dich zu nennen*

## Mysterium

**D**ie Seele der Dinge
läßt mich ahnen
die Eigenheiten
unendlicher Welten

Beklommen
such ich das Antlitz
eines jeden Dinges
und finde in jedem
ein Mysterium

Geheimnisse reden zu mir
eine lebendige Sprache

Ich höre das Herz des Himmels
pochen
in meinem Herzen

*Lob sei dir mein Herr*
*mit deiner ganzen Schöpfung*
*vor allem mit dem Herrn Bruder Sonne*
*Er bringt uns den Tag*
*und spendet uns Licht*
*Schön ist er*
*und strahlend mit großem Glanz*
*von dir Höchster ein Zeichen*

*Lob sei dir mein Herr durch Schwester Mond*
*und die Sterne*
*Am Himmel formtest du sie*
*glänzend kostbar und schön*

## Sonne II

**W**ährend ich schreibe
ist die Nacht
an mir vorübergegangen
nicht spurlos
ich spürte sie hämmern
in meinen Versen

Der Tag
schreibt andre Gedichte
sein schönstes

trägt er mir vor
Sonne

Ich kann nur
staunend zustimmen
nie
wird mir solches Lichtlied
gelingen

In dir

Über dir
Sonne Mond und Sterne

Hinter ihnen
unendliche Welten

Hinter dem Himmel
unendliche Himmel

Über dir
was deine Augen sehen

In dir
alles Sichtbare
und
das unendlich Unsichtbare

## Einen Augenblick

Laß es geschehen
Himmlischer
daß ich an Deiner Herrlichkeit
teilhabe
einen Augenblick

Laß mich
ein winziges Sternchen sein
und die Erde schauen
in ihrer unvollkommenen
Vollkommenheit
einen Augenblick

*Lob sei dir mein Herr durch Bruder Wind*
*durch Luft und Wolken*
*durch heiteres und jedes Wetter*
*Durch sie gibst du deiner Schöpfung Leben*

*Lob sei dir mein Herr durch Schwester Wasser*
*Sehr nützlich ist sie demütig kostbar und rein*

*Lob sei dir mein Herr durch Bruder Feuer*
*Durch ihn ist die Nacht erhellt*
*Schön ist er freundlich kraftvoll und stark*

*Lob sei dir mein Herr durch unsere Schwester*
*Mutter Erde*
*Sie belebt und lenkt uns*
*Sie erzeugt viel Früchte*
*farbige Blumen und Gräser*

## Bekenntnis

**I**ch bekenne mich

zur Erde und ihren
gefährlichen Geheimnissen

zu Regen und Schnee
Baum und Berg

zur mütterlichen mörderischen
Sonne zum Wasser und
seiner Flucht

zu Milch und Brot

zur Poesie
die das Märchen vom Menschen
spinnt

zum Menschen

bekenne ich mich
mit allen Worten
die mich erschaffen

## Die Götter

**D**ie Götter
ja wußten sie
was uns not tut

Sie schenkten uns
was sie erfanden
Feuer Wasser Luft
die arglose Erde

Es war zuviel

wir steckten die Erde in Brand
Rauch verpestet die Luft
Luftwolken fallen ins Wasser
es tränkt uns
mit Gift

Die Götter zogen sich zurück
in den unnahbarsten Himmel

*Lob sei dir mein Herr durch jene*
*die um deiner Liebe willen vergeben*
*und Schwachheit und Not ertragen*
*Selig die ausharren in Frieden*
*Du Höchster wirst sie krönen*

Werben

**D**ie großen Worte
sind verlorengegangen

Es heißt
mit winzigen Wörtern
werben
um Frieden und Liebe

im Namen der Religionen
im Namen der Ermordeten
im Namen der Lebenden
die leben wollen
im Gold und Grün
unsrer Erde

## Du weißt

Du weißt
die Erde ist schwarz

Du hörst
das Getümmel der Kriege
siehst an allen Enden
vernichtete Orte
da weint dein Herz

Du weißt
die Erde ist
grün und bunt

Deine Augen Spiegel
fangen auf
die blühende Erde
dein Herz frohlockt

Nicht wahr
du liebst
unsre böse herrliche
Erde

*Lob sei dir mein Herr*
*durch unsere Schwester den leiblichen Tod*
*Kein lebendiger Mensch kann ihr entrinnen*
*Weh denen die in tödlicher Schuld sterben*
*Selig die sie findet in deinem heiligsten Willen*
*Der zweite Tod tut ihnen nichts Böses*

## Atem

**W**ir leben
von Atem zu Atem

In allen Pflanzen und Tieren
schlägt sein Luftherz

Wir
an sein Dasein gebunden
gehen ein mit ihm
in den Atem der Erde

# Noch bist du da

Wirf deine Angst
in die Luft

Bald ist deine Zeit um
bald
wächst der Himmel
unter dem Gras
fallen deine Träume
ins Nirgends

Noch
duftet die Nelke
singt die Drossel
noch darfst du lieben
Worte verschenken
noch bist du da

Sei was du bist
Gib was du hast

*Lob und segnet meinen Herrn*
*Dankt und dient ihm in großer Demut*

Preisen

**P**reisen
die Erde
und ihre unaufhörlichen Wunder

Sonne Mond Gestirne
und was dahinter
dichtet

Die Menschenbrüder
aufnehmen
im Herzgefäß
unsre winzige Ewigkeit

*Einführung und Übersetzung des Sonnengesangs*
*von Franz von Assissi: Anton Rotzetter*
*Sämtliche Gedichte S. 98–109: Rose Ausländer*

## NACHWEISE

VaE bedeutet im Folgenden: Verlag am Eschbach, Eschbach/Markgräflerland.

**Titel und 4. Umschlagseite**

Der Titel dieses Buches ist mit freundlicher Genehmigung des Verlags dem auf der 4. Umschlagseite abgedruckten Gedicht von Rose Ausländer, „Sag nicht II", entnommen, aus: dies., Wieder ein Tag aus Glut und Wind. Gedichte 1980–1982, © S. Fischer Verlag GmbH, Frankfurt/M. 1986.

**Seite 2: Hinübersehen**

aus: Jörg Zink, Dem Herzen nahe. Ein spirituelles Lesebuch, © VaE 2002.

**Seite 7–22: Abschied nehmen**

Die in diesem Kapitel versammelten Texte haben Bärbel und Jürgen Schwarz für das 1993 im VaE erschienene Heft „Nie endet etwas mit dem Tod" ausgewählt (das Heft ist vergriffen). Die Rechte liegen bei folgenden Verlagen bzw. Autoren: Max Frisch (S. 8), Gesammelte Werke in zeitlicher Folge, © Suhrkamp Verlag, Frankfurt/M. 1976. – Ingrid Reckziegel (S. 9), © bei der Autorin. – Karl Krolow (S. 10f.), Auf Erden, © Suhrkamp Verlag, Frankfurt/M. 1989. – Daniela-Maria Brandt (S. 12), © bei der Autorin. – Martha Krause-Lang (S. 13f.), © bei der Autorin. – Erich Fried (S. 14f.), Lebensschatten, © 1981, NA 1996, 2001 Verlag Klaus Wagenbach, Berlin. – Jürgen Schwarz (S. 15), © VaE. – Manfred Fischer (S. 15ff.), Gräser sprengen den Asphalt, © Gütersloher Verlagshaus GmbH, Gütersloh. – Jörg Zink (S. 17), © beim Autor. – Ernst Ginsberg (S. 18ff.), Abschied. Erinnerungen, Theateraufsätze, Gedichte, hrsg. v. Elisabeth Brock-Sulzer, © 1965, 1991 by Verlags AG

Die Arche, Zürich. – Die Bibel, Psalm 84 (S. 21f.): unter Verwendung verschiedener Übersetzungen, © VaE 2004. – Yehoshua Amir (S. 22), Deraschot, © Veröffentlichungen aus dem Institut Kirche und Judentum, Bd.14, Berlin 1983.

**Seite 23–52: Trauer durchwandern**
veröffentlichen wir mit freundlicher Genehmigung der Autorin, aus: Charlotte Knöpfli-Widmer, Liebe über den Tod hinaus, © Amboss-Verlag St. Gallen in CH-9434 Au (Reihe: Amboss-Funken).

**Seite 53–94: Über Grenzen hinausdenken**
Der Inhalt dieses Kapitels ist erstmals 1997 erschienen als Eschbacher Geschenkheft: Renate Schubert, Durch viele Welten wandern wir. Bilder auf einem jüdischen Friedhof (Das Heft ist vergriffen). – Die Wiederveröffentlichung erfolgt mit freundlicher Zustimmung der Autorin. © für die Texte: VaE, für die Fotografien: Klaus G. Kohn, Braunschweig.
Die Zitate von Peter Huchel (S. 70, 85-87) sind entnommen aus: ders., Materialband stm.st 2048, © Suhrkamp Verlag, Frankfurt/M. 1986.
Auf folgende Bücher von Friedrich Weinreb stützt Renate Schubert ihre Überlegungen: *Zahl, Zeichen, Wort.* Das symbolische Universum der Bibelsprache, 1986; *Zeichen aus dem Nichts,* 1980; *Gott Mutter.* Die weibliche Seite Gottes, 1990; *Vom Geheimnis der mystischen Rose,* 1983 – alle erschienen im Thauros-Verlag, Simmerberg; *Legende,* 1981, Origo Verlag, Bern.

**Seite 95–109: Neu ins Leben treten**
Quellen der Gedichte von Rose Ausländer: „Mysterium" (S. 98), „Einen Augenblick" (S. 101), „Preisen" (S. 109), aus: